Für dieses Heft brauchst du das
LÜK-Kontrollgerät

So wird es gemacht:

Öffne das LÜK®-Kontrollgerät und lege die Plättchen in den unbedruckten Deckel. Jetzt kannst du auf den Plättchen und auf dem Geräteboden die Zahlen 1. bis 24 sehen. Für die Übungen in diesem Heft benötigst du nur die Plättchen 1 bis 12.

Beispiel Seite 2:
Fußball-ABC
(Üben für das Wörterbuch)

Nimm Plättchen 1 und sieh dir Aufgabe 1. an: **Ordne die Wörter nach dem ABC.** Wenn du die Endbuchstaben in der richtigen Reihenfolge zusammensetzt, erhältst du das gesuchte Lösungswort.

Das richtige Lösungswort ist: gut.
Zur richtigen Antwort gehört die Zahl 11.
Lege also Plättchen 1 auf das Feld 11 im Geräteboden.

So arbeitest du weiter, bis alle Plättchen im Geräteboden liegen.
Schließe dann das Gerät und drehe es um. Öffne es von der Rückseite. Wenn du das bei der Übungsreihe abgebildete Lösungsmuster siehst, hast du alle Aufgaben richtig gelöst.

Passen einige Plättchen nicht in das Muster, dann hast du dort Fehler gemacht. Drehe diese Plättchen da, wo sie liegen, um, schließe das Gerät, drehe es um und öffne es wieder.
Jetzt kannst du sehen, welche Aufgaben du noch einmal lösen musst. Nimm diese Plättchen heraus und suche die richtigen Ergebnisse. Kontrolliere dann noch einmal. Stimmt jetzt das Muster?

Das System ist für alle Übungen gleich: Die roten Aufgabennummern im Heft entsprechen immer den LÜK-Plättchen aus dem Kontrollgerät.
Die Zahlen hinter den Lösungen sagen dir, auf welche Felder des Kontrollgerätes du die Plättchen legen musst.

Und nun viel Spaß!

2

Fußball-ABC
(Üben für das Wörterbuch)

**Ordne die Wörter nach dem ABC.
Wenn du die Endbuchstaben in der richtigen Reihenfolge zusammensetzt, erhältst du das gesuchte Lösungswort.**

2
Fanshop
Podolski
Zumba
machbar
Team

3
Einlass
Strafe
Spielprinzip
Spielaufbau
unbespielbar

4
viel
Sprint
voll
Video

1
verletzt
ungenau
Sieg

5
Fußball-Cup
alt
Dino

6
links
Ruhe
Fußball
Liga
Bank
rechts

klasse 8
prima 7
toll 12
gut 11
super 10
top 3

Im Wörterbuch sind die Wörter nach dem ABC geordnet.
Wenn Wörter mit dem gleichen Buchstaben beginnen, musst du auf den zweiten Buchstaben im Wort achten – oder auf den dritten oder auf den vierten:
Apfel – **B**irne – **C**lementine – **D**attel – …
Ananas – **Ap**fel – **Ar**tischocke – …
Falter – **Fli**ege – **Floh** – **Floh**markt – **Flohz**irkus – …

Woher bekommen Fußballvereine ihre Namen?

Der Name einer Fußballmannschaft setzt sich meistens aus zwei, oft auch aus drei Teilen zusammen: einer Abkürzung (FC für Fußballclub, …), einem „Namensrelikt“ (Eintracht, Fortuna, Borussia, …) und dem Ortsnamen (München, Köln, …). Manchmal wurde auch das Gründungsjahr in den Namen aufgenommen: TSV 1860 München, 1. FSV Mainz 05 (für 1905), oder die Vereinsfarben: Rot-Weiß Essen. Das Namensrelikt bringt oftmals ein Gemeinschaftsgefühl zum Ausdruck: Eintracht (aus dem Lateinischen: concordia) oder Union sagt aus, dass eine Gruppe friedlich zusammenhält (im Englischen entspricht dem United). Es gibt auch Borussia (bedeutet Preußen), Fortuna (lateinische Glücksgöttin), …

Welcher Vereinsname kommt als erstes im Alphabet?

7 **Union Berlin** 12 **Manchester United** 7 **Concordia Basel** 1

8 **Kickers Offenbach** 5 **Würzburger Kickers** 11 **Stuttgarter Kickers** 8

9 **FC Sevilla** 11 **FC Liverpool** 9 **FC Mailand** 8

10 **Eintracht Frankfurt** 1 **Eintracht Braunschweig** 4 **Eintracht Trier** 3

11 **Holstein Kiel** 6 **Hessen Kassel** 7 **Bayern München** 6

12 **Frankfurter FC Viktoria** 4 **FC Viktoria Köln** 3 **BFC Viktoria 1889 Berlin** 2

Was ist ein „Gründungsverein“? Welche Vereine sind es?

Als Gründungsvereine bezeichnen sich die Vereine, die 1963 in der 1. Bundesliga mitgespielt haben: 1. FC Köln, Meidericher SV (heute MSV Duisburg), Eintracht Frankfurt, Borussia Dortmund, VfB Stuttgart, Hamburger SV, TSV 1860 München, FC Schalke 04, 1. FC Nürnberg, SV Werder Bremen, Eintracht Braunschweig, 1. FC Kaiserslautern, Hertha BSC Berlin, Preußen Münster, 1. FC Saarbrücken

Wortfelder: Spielfelder für Wörter? (Mit Wortfeldern arbeiten)

Zu welchem Wortfeld gehören diese Wörter?

1 schauen, beobachten, gucken, erkennen, betrachten

2 handeln, tun, beschäftigen, anfertigen, zubereiten

3 speisen, knabbern, fressen, naschen, frühstücken, futtern

4 wandern, bummeln, klettern, schlurfen, rennen, schlendern, eilen

5 überlegen, grübeln, nachdenken, meinen, annehmen

6 sagen, rufen, antworten, brummen, schreien, brüllen, schimpfen, flüstern

sprechen 4 | essen 12 | machen 3

sehen 7 | gehen 8 | denken 5

Unter einem Wortfeld versteht man eine Gruppe von Wörtern, die eine ähnliche Bedeutung haben. Wenn du einen Text möglichst spannend und abwechslungsreich erzählen möchtest, ist es gut, verschiedene Wörter aus dem Wortfeld zu benutzen, z. B. anstelle von **gehen**:
Er **rennt** über den Platz. Sie **schlendert** zur Bank.
Wir **laufen** schneller.

Welches Wort passt besonders gut?

		sprechen	schreien	schimpfen
7	über den Schiedsrichter	5	8	10
8	in Ruhe mit der Mannschaft	1	12	8
9	laut über den Platz	2	11	9
10	auf der Pressekonferenz	6	4	9
11	vor Freude laut	1	2	7
12	über das Foul	11	8	9

Wie viele Berufe gibt es rund um den Fußball?

Als erstes fallen dir als Beruf natürlich die Spieler und der Trainer ein. Aber es gibt noch viele andere Berufe rund um den Fußball, unter anderem: Busfahrer, Fan-Beauftragter, Greenkeeper (er kümmert sich um den Rasen), Handwerker, Fotograf, Kameramann, Koch, Manager, Physiotherapeut, Pressesprecher, Sicherheitskräfte, Stadionsprecher, Stadiontechniker, Vereinsarzt, Zeugwart (er kümmert sich um die Ausrüstung der Spieler für Spiel und Training). Fallen dir noch weitere ein?

Welche beiden Wörter gehören zum selben Wortfeld?

1	rennen	sich erkundigen	12
2	fragen	naschen	10
3	knabbern	grübeln	7
4	nachdenken	laufen	8
5	beobachten	marschieren	5
6	tun	betrachten	3
7	wandern	durchführen	11
8	streiten	beschimpfen	1
9	regnen	vergeben	2
10	tanzen	gucken	6
11	verzeihen	gießen	9
12	schauen	herumwirbeln	4

FÜR PROFIS

Sammle weiter Wörter zu den verschiedenen Wortfeldern.

6 Rennen und rackern für den Sieg (Wörter mit doppelten Mitlauten)

Welche Wörter reimen sich?

1 rollen
2 Sporthalle
3 Anpfiff
4 voll
5 Anstoß
6 Chefsessel
7 schnell
8 wetten
9 knallen
10 rennen
11 Tritt
12 Panne

Abpfiff 11
hell 4
Hefekloß 6
fallen 12
Stollen 8
retten 2
Kanne 3
brennen 5
fit 1
Abseitsfalle 10
Hexenkessel 9
toll 7

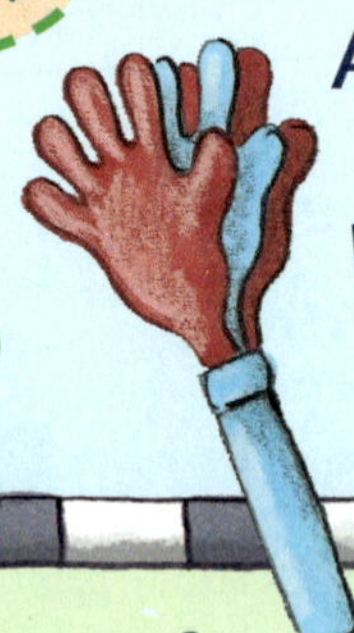

Wie wichtig sind Fangesänge?

Beim Fangesang wird unterschieden zwischen einzelnen Rufen, Klatschen, rhythmischem Klatschen, Kurzgesängen und Liedern. Oft wird von verschiedenen Vereinen bei Kurzgesängen oder Liedern dieselbe Melodie verwendet, nur der Text ändert sich.
Das gemeinsame Klatschen, Brüllen und Singen stärkt das Gemeinschaftsgefühl der Fans. Außerdem hat man als Fan den Eindruck, dass man etwas zum Spiel beitragen kann – auch wenn man natürlich nicht wirklich mitspielt.
Auf Spieler können Fangesänge unterschiedlich wirken – leider kann man nie ganz sicher sein, ob sie das Anfeuern eher beflügelt oder vielleicht sogar unter Druck setzt.

FÜR PROFIS

Welche Fangesänge kennst du?
Befrage auch deine Eltern und Großeltern.

Hörst du nur einen Mitlaut nach dem kurzen Selbstlaut, musst du ihn beim Schreiben verdoppeln:
re**nn**en, galo**pp**ieren.
Wenn du nur ein **k** hörst, schreibst du meistens **ck**:
Zu**ck**er, pflü**ck**en.
Wenn du nur ein **z** hörst, schreibst du meistens **tz**:
Mü**tz**e, pu**tz**en.

Was fehlt hier?

1	Fußba ____	l 3	ll 12
2	ki ____ en	k 11	ck 8
3	Spie ____ er	l 9	ll 8
4	Mü ____ e	t 6	tz 11
5	Meisterscha ____ e	l 3	ll 9
6	tre ____ en	t 7	tt 1
7	stür ____ en	z 1	tz 10
8	Sto ____ en	l 12	ll 5
9	Geschen ____ e	k 10	ck 5
10	No ____ en	p 8	pp 4
11	Gebrü ____	l 2	ll 6
12	re ____ en	n 7	nn 2

8

Torjäger schießen besser

(Wörter mit ss und ß unterscheiden)

Welcher Buchstabe fehlt hier?

		ss	ß
1	Während eines Fußballspiels schie ___ en nicht nur die Stürmer die Tore.	6	2
2	Gro ___ e Abwehrspieler werden als Kopfballspezialisten ebenso gebraucht wie schnelle Mittelfeldspieler.	12	9
3	Ein Stürmer mu ___ sich natürlich ganz besonders als Torschütze verstehen.	5	3
4	Seine Aufgabe ist es, immer so zu agieren, dass er sich möglichst oft in einer möglichst guten Torschu ___ position befindet.	1	7
5	Die grö ___ ten Torerfolge bislang feierten übrigens zwei brasilianische Spieler.	5	11
6	Artur Friedenreich scho ___ in seiner Spielerzeit 1329 Tore (1909–1939), Pélé scho ___ 1281 Tore (1956–1977).	10	9

Wie jubelt man richtig?

Fällt ein Tor, jubelt das ganze Stadion. Meist springen die Zuschauer von den Plätzen auf und reißen die Arme hoch. Der Torschütze feiert meist auf eigene Art. Manche zeigen mit den Händen ein Herz, einige schlagen vor Freude einen Salto oder führen ein kleines Tänzchen auf. Viele rutschen auch auf den Knien über den Platz. Eine Aktion allerdings ist verboten und wird mit der gelben Karte bestraft: das Ausziehen des Trikots.

Wenn du nach einem langen Selbstlaut oder au, äu, ei, eu und ie einen scharfen s-Laut hörst, schreibst du **ß**: Fü**ß**e, Stra**ß**e, wei**ß**.
Hörst du den scharfen s-Laut nach einem kurzen Selbstlaut, schreibst du **ss**: Kla**ss**e, me**ss**en, wi**ss**en.
Beachte, dass in derselben Wortfamilie **ß** und **ss** vorkommen können:
der Riss – rei**ß**en – es zerrei**ß**t – es ist geri**ss**en.

Welches Wort in der Wortfamilie ist FALSCH geschrieben?

7	er aß 6	das Eßbesteck 3	er isst 1	er hat gegessen 5
8	das Vergiss-meinnicht 8	ich vergass 7	das Vergessen 6	du vergisst nichts 9
9	sie schoss 10	schießen 4	der Schuss 12	er hat geschoßen 6
10	ich weiß 11	er wußte nichts 12	ein schlechtes Gewissen 2	Gewusst wie! 7
11	der Reiß-verschluss 4	zerreissen 8	es riss entzwei 10	reißen 11
12	Ich ließ ihn laufen. 1	Er lässt es nicht zu. 9	Sie kann es nicht laßen. 4	Du hast es zugelassen. 5

Suche weitere Wörter, die zu den Wortfamilien gehören.

Großer Fußballspaß

(Wörter mit s und ß)

Was schreibst du? s oder ß?

Ist Straßenfußball eine eigene Sportart?

Straßenfußball kann durchaus als eine eigene Sportart bezeichnet werden – es ist eine sehr besondere Art des Fußballspielens. Es unterscheidet sich vom Fußball durch die Art des Balls (meist handgemacht aus Stoff- oder Lederresten), die Art des Tors (oft nur eine Markierung auf dem Boden) und die Art des Untergrunds (oft eine Straße oder ein Weg oder Platz). Die Anzahl der Spieler ist beim Straßenfußball nicht festgelegt. Mittlerweile gibt es aber auch eine offizielle Form des Straßenfußballs. Hier besteht ein Team aus vier Spielern und bis zu vier Auswechselspielern, die beliebig ausgewechselt werden dürfen.

s und **ß** klingen am Wortende oft gleich. Wenn du die Wörter verlängerst, kannst du hören, ob du **s (weiches s)** oder **ß (scharfes s)** schreiben musst:
Kreis – Kreise, sie liest – lesen;
Fuß – Füße, er schießt – schießen.

Was fehlt hier – s oder ß?

		s	ß
7	An unserer Schule gibt es jedes Jahr ein Fußballfest. Die Mannschaften kämpfen dabei um einen ganz besonderen Prei ___ .	10	4
8	Die Gewinner gehen zum Training einer der gro ___ en Bundesligamannschaften.	10	7
9	Bisher lö ___ te diese Aussicht immer große Begeisterung aus.	5	12
10	Dieses Jahr gibt es eine neue Regelung. Es hei ___ t, dass die Spiele ohne Schiedsrichter ausgetragen werden sollen.	5	12
11	Ziel ist, dass alle Spieler fair spielen und jeder wei ___ , welche Regeln eingehalten werden müssen.	2	8
12	Aber wie immer steht vor dem Wettkampf das Training – ohne Flei ___ kein Preis!	7	9

Fußballmärchen

(Wörter mit e/ä und eu/äu)

Erkennst du die Wörter?

1 l leB   2 red Gnelg   3 re Wck   4 ch renM   5 r stHb   6 schempfik r

Wie viele Regeln gibt es im Fußball?

Erstmalig wurden 1863 die Fußballregeln von der englischen Football Association festgelegt, 1938 dann vom Fußball-Weltverband (FIFA) in der aktuellen Form verabschiedet. Es gibt danach international nur 17 Regeln. Darin wird zum Beispiel der Einwurf, das Abseits oder der Strafstoß geregelt. Zusätzlich zu den offiziellen Regeln gibt es noch nationale Bestimmungen, die unter anderem die Anzahl der Auswechslungen oder Spielberechtigungen festlegen.

Du schreibst fast immer **ä**, wenn du das Wort von einem verwandten Wort mit **a** ableiten kannst:
die **Ä**pfel – der **A**pfel, er k**ä**mpft – der K**a**mpf, erk**ä**ltet – k**a**lt.
Diese Regel gilt auch für Wörter mit **äu**.
Wenn du sie von einem verwandten Wort mit **au** ableiten kannst, schreibst du:
L**äu**fer – l**au**fen, tr**äu**men – der Tr**au**m, h**äu**slich – das H**au**s.

Was schreibst du – ä/äu oder e/eu?

- 7 L_fer — äu 11 / eu 8
- 8 h_len — äu 11 / eu 7
- 9 tr_men — äu 4 / eu 10
- 10 br_nlich — äu 10 / eu 2
- 11 B_le — äu 9 / eu 8
- 12 n_n — äu 6 / eu 12

Bilde mit den Übungswörtern von dieser Doppelseite Sätze.

Manchmal tut Fußball weh

(Wörter mit Dehnungs-h)

Welche Wörter mit Dehnungs-h fehlen hier?

Fußballer leben zwar grundsätzlich nicht [1] als andere Menschen, aber die hohe Belastung beim Training und den Spielen [2] dann doch häufiger zu Verletzungen.
Auf den ersten Blick sieht es immer sehr [3] aus, wenn sich ein Spieler verletzt: Er fällt zu Boden und hält sich dann das Bein.
Ob aber [4] betroffen sind oder Muskeln, lässt sich daraus nicht ablesen.
Zu den häufigsten Verletzungen [5] Zerrungen und Muskel(faser)risse.
Auch die Bänder im Knie und am Sprunggelenk sind oft betroffen.
Für die Spieler ist allein das [6], für einige Wochen auszufallen, oft unerträglich.

führt 3

gefährlicher 1

Gefühl 4

Sehnen 2

ähnlich 6

zählen 12

Nach einem langen Selbstlaut steht manchmal ein **Dehnungs-h**. Das kannst du aber oft nicht hören:
der Wal – die Wa**h**l.
Deshalb musst du dir diese Wörter merken.
Es gibt aber eine Hilfestellung dabei. Das **Dehnungs-h** kann nur vor den Buchstaben **l**, **m**, **n** und **r** stehen:
Za**hl**, ne**hm**en, Fa**hn**e, Le**hr**er.

Kann man nur Muskeln trainieren?

Wenn im Fußball von Training gesprochen wird, denken die meisten nur an die körperliche Fitness, einige vielleicht auch an Taktik oder das Einüben von Spielzügen. In den letzten Jahren hat aber zunehmend auch das mentale Training an Bedeutung gewonnen. Denn ein Fußballspieler braucht nicht nur fitte Muskeln, sondern auch einen klaren Kopf. Er muss seine Stärken und Schwächen kennen und wissen, wie er sich in besonderen Stresssituationen verhalten kann. Dafür engagieren viele Vereine Mentaltrainier, die mit den Spielern üben, wie man sich in besonderen Situationen verhalten kann, um trotz Stress und Ablenkung erfolgreich zu sein.

Was fehlt hier?

		hl	hm	hn	hr
7	Schuhso __e	10	7	6	4
8	Spielfü __er	2	9	1	8
9	za __	11	5	4	3
10	berü __t	3	11	8	5
11	Nerven bewa __en	5	2	6	7
12	befe __en	9	10	12	11

FÜR PROFIS

Schreibe mit den Wörtern aus der Tabelle Sätze.

16 Auswechselspieler

(Wörter mit x, chs, ks, cks, gs)

Was fehlt hier?

		x	ks	chs	cks	gs
1	Das Auswe ___ eln von Spielern ist in der dritten FIFA Fußball-Regel (Zahl der Spieler) geregelt.	5	4	9	6	2
2	Du lü ___ t, wenn du sagst, dass es in der vierten Regel (Ausrüstung der Spieler) steht.	8	12	7	5	11
3	Grundsätzlich dürfen drei Spieler ausgewechselt werden, in Spielen der A-Nationalmannschaften sogar bis zu se ___ Spieler.	12	4	8	7	9
4	Einige empfinden das als Lu ___ us.	10	1	3	6	11
5	In den anderen Ligen gilt eine Zustimmun ___ pflicht: So lange sich die Mannschaften über die Anzahl der Auswechslungen einig sind und der Schiedsrichter informiert ist, ist (fast) alles möglich.	8	2	3	10	1
6	Auch ein Torwartwe ___ el ist möglich.	1	11	12	9	10

Es gibt keine Regel, um die Rechtschreibung der Wörter mit den Konsonatenhäufungen **chs**, **cks**, **gs** oder **ks** zu lernen – du musst dir diese Wörter **merken**, denn du hörst immer den Laut (**ks**). Das gilt auch für Wörter, die mit **x** geschrieben werden.
Du kannst aber bei einigen überlegen, ob sie eventuell von Wörtern abzuleiten sind, die zum Beispiel auf **g** oder **k** enden: der We**g** – entlang des We**g**s, du lü**g**st – lü**g**en.

Seit wann gibt es Auswechselspieler?

Vor 1967 gab es die Regel noch nicht, dass in offiziellen Spielen Spieler ausgewechselt werden durften – auch dann nicht, wenn jemand verletzt war. Eine Ausnahme stellte die Weltmeisterschaft 1954 dar. Hierfür hatte man eine mögliche Auswechslung in der ersten Halbzeit vereinbart, wenn ein Spieler verletzt wurde. 1967 änderte die FIFA die Regel und erst danach durfte dann ein Spieler ausgewechselt werden. Von 1968 bis 1994 war die Auswechslung von zwei Spielern möglich, seit 1995 sind es drei. Mit Beginn der Spielzeit 2016/2017 startete der DFB ein Pilotprojekt, dass eine vierte Auswechslung in der Verlängerung eines Spiel möglich macht.

Erkennst du die Wörter?

7 Luchs

2 hinterrücks

8 Lachse

3 Boxer

5 unterwegs

12 Kekse

6 Mixgetränk

4 Büchse

Turniererfahrungen

(Großschreibung von Nomen üben)

Nomen lassen sich zusammensetzen: Fuß + Ball = Fußball. Je nachdem, ob dabei zwei gleiche Buchstaben aufeinandertreffen oder nicht, musst du beide Buchstaben aufschreiben: Mittel + Linie= Mittellinie.
Manchmal musst du zwischen den Nomen auch ein **s** ergänzen: Mannschaft**s**bus

Hier stimmt etwas nicht. Setze die Wörter sinnvoll zusammen.

Hinweis: Das erste Wort bleibt stehen!

1 Trainertuch
2 Sportstab
3 Handraum
4 Torkurve
5 Spieltasche
6 Fanfeld

Handtuch 4
Stabhochsprung 9
Raumdeckung 3
Trainerstab 7
Torraum 8
Spielfeld 10
Linkskurve 6
Sporttasche 11
Fankurve 12

7 Mannschaftsbinde
8 Mannpfiff
9 Stürmerbus
10 Stollendeckung
11 Pausenfoul
12 Kapitänsschuh

Anpfiff 7
Mannschaftsturnier 5
Stollenschuh 9
Manndeckung 1
Pausenpfiff 2
Kapitänsbinde 6
Busfahrer 8
Fußballschuh 11
Stürmerfoul 3

Was ist ein Trainerstab?

Ein Trainerstab ist kein Gegenstand. Vielmehr wird damit ein Team von Trainern bezeichnet. Meist gibt es einen Cheftrainer, der gemeinsam mit seinen Trainer-Assistenten oder Ko-Trainern das Training leitet. Diese haben oft bestimmte Aufgaben, zum Beispiel als Torwarttrainer oder als Konditionstrainer. In manchen Vereinen werden noch anderer Betreuer zum Trainerstab gezählt (z. B. Physiotherapeut, Masseur, Mentaltrainer, Zeugwart, usw.).

An den Endungen **-heit**, **-keit**, **-nis**, **-ung** und **-schaft** erkennst du Nomen: die Frei**heit**, die Geschwindig**keit**, das Zeug**nis**, die Rech**nung**, die Freund**schaft**. Nomen schreibst du groß. Zu einigen dieser Wörter gibt es keine Plural-Form: die Sauberkeit.

Welche Endung fehlt hier?

		-heit	-keit	-nis	-ung	-schaft
1	die Fähig ____	1	10	3	6	9
2	das Ergeb ____	11	7	12	4	8
3	die Mann ____	6	3	9	12	7
4	die Leichtig ____	4	9	8	12	11
5	die Berichtig ____	3	10	4	2	1
6	die Erzähl ____	8	2	12	11	5
7	die Geschwindig ____	2	6	3	5	7
8	die Erlaub ____	12	9	4	1	5
9	die Krank ____	8	2	10	4	6
10	die Verwandt ____	7	8	5	11	1
11	die Entschuldig ____	9	1	5	3	10
12	die Schön ____	5	6	12	7	2

Findest du noch mehr Nomen, die auf -heit, -keit, -nis, -ung und -schaft enden? Lege eine Tabelle an.

Taktik: Viererkette und Doppelsechs

(Pronomen verwenden)

Setze das passende Pronomen ein.

1	Der Trainer erklärt der Mannschaft das neue Spielsystem. ___ macht das mit der größten Ruhe.	Er 8	Sie 4	Es 9
2	Das Buch „Pippi Langstrumpf im Taka Tuka Land“ der Schriftstellerin Astrid Lindgren erschien 1948 in Schweden. ___ wusste nicht, dass es ab 2005 eine Fußballtaktik geben würde, die sehr ähnlich klingt: Tiki Taka.	Er 6	Sie 10	Es 9
3	Einigen Spielern fällt das Umschalten von einer Spielform zur anderen besonders leicht. ___ muss man nicht viel erklären.	Uns 2	Euch 5	Ihnen 11
4	Der spanische Trainer Pep Guardiola nennt die Zahlensysteme für die Aufstellungen „Telefonnummern“. ___ gefällt diese Art der Festlegung nicht.	Mir 1	Ihm 7	Ihnen 3
5	Die Rückennummer 6 hatte früher der defensive Mittelfeldspieler. Bei einer „Doppelsechs“ spielt ein Mittelfeldspieler offensiver, der andere defensiver. ___ handelt sich also nicht um einen Lottogewinn, sondern eine Taktik.	Er 9	Sie 2	Es 5
6	Jede Mannschaft kann verschiedene Spielsysteme spielen – sonst könnte ___ nicht gewinnen.	er 1	sie 9	es 6

Was hat Fußball mit Mathematik zu tun?

Im Fußball werden die meisten Spielsysteme mit Zahlen bezeichnet: 3-4-3, 4-4-2, 4-2-3-1 usw. Zusammen ergeben diese Zahlen immer zehn, was der Anzahl der Feldspieler auf dem Platz entspricht. Die erste Zahl gibt die Anzahl der Verteidiger an, die zweite die der Mittelfeldspieler und die dritte die der Stürmer. Wenn vier Zahlen genannt werden, unterscheidet man zwischen defensiven und offensiven Mittelfeldspielern.

Pronomen (Fürwörter) benutzt du, wenn du ein Nomen ersetzen willst:
Der Junge ist heute zum ersten Mal in der Startelf.
Er macht das prima.
Die Pronomen im Nominativ sind:
ich, **du**, **er**, **sie**, **es**, **wir**, **ihr**, **sie**.
Pronomen können auch im Akkusativ oder im Dativ stehen:
Anschließend spreche ich mit **ihm**. Ich kenne **ihn** aus der Schule.
Die Pronomen lauten
im Akkusativ: **mich**, **dich**, **ihn**, **sie**, **es**, **uns**, **euch**, **sie**.
im Dativ: **mir**, **dir**, **ihm**, **ihr**, **ihm**, **uns**, **euch**, **ihnen**.

Setze die passenden Pronomen ein.

7 Du, Paul, kein Problem. Ich helfe _____ wirklich gern bei der Trainingsvorbereitung.

8 Herr Bäumle ist heute sehr streng. Ich finde aber, dass _____ trotzdem der beste Trainer der Welt ist.

9 Sina und Emre sind sehr zuverlässig. _____ muss man nicht sagen, was gemacht werden muss.

10 Jakob lobt seinen Torwart. Das scheint _____ gut zu gefallen.

11 Meine Schwester und ich würden so gern einmal die Nationalmannschaft live spielen sehen. Ob _____ unsere Eltern diesen Wunsch erfüllen?

12 Am liebsten wärt ihr jeden Tag auf dem Fußballplatz – das würde _____ richtig gut gefallen.

Ihnen 12 | dir 3 | uns 2 | er 1 | euch 4 | ihm 6

Das Training

(Fremdwörter üben)

Was bedeuten die Fremdwörter? Ordne zu.

1 Panorama
2 Etage
3 Atmosphäre
4 Distanz
5 Etappe
6 Kuvert

Stimmung 5
Entfernung 1
Wegabschnitt 11
Ausblick 2
Briefumschlag 10
Stockwerk 9

7 intensiv
8 korrekt
9 genial
10 passieren
11 trainieren
12 konzentrieren

(systematisch) üben 8
sich (geistig) sammeln, anspannen 4
gründlich, stark 3
richtig, fehlerfrei 7
hochbegabt, großartig 6
geschehen 12

Fremdwörter kommen häufig aus einer anderen Sprache.
Die Rechtschreibung dafür muss man sich merken.
Hier sind ein paar Tipps:
Verben, die auf -ieren enden, werden meistens mit **ie** geschrieben: train**ie**ren.
Adjektive, die auf -iv enden, schreibst du mit **v**: intensi**v**.
Kommt das Wort aus dem Englischen und endet auf -y, schreibst du den Plural im Deutschen auch mit **y**:
das Bab**y** – die Bab**y**s.

Was muss jeder Fußballer können?

Fußball spielen – na klar! Aber es macht einen großen Unterschied, wenn du weißt mit welchem Teil des Fußes du den Ball spielen musst, um besonders torgefährlich zu sein. Ob du den Ball mit der Innenseite, dem Innenspann, dem Vollspann oder dem Außenspann spielst, kann torentscheidend sein. Diese vier „Spielarten“ gehören zu den Schlüsselkompetenzen jedes erfolgreichen Fußballers.

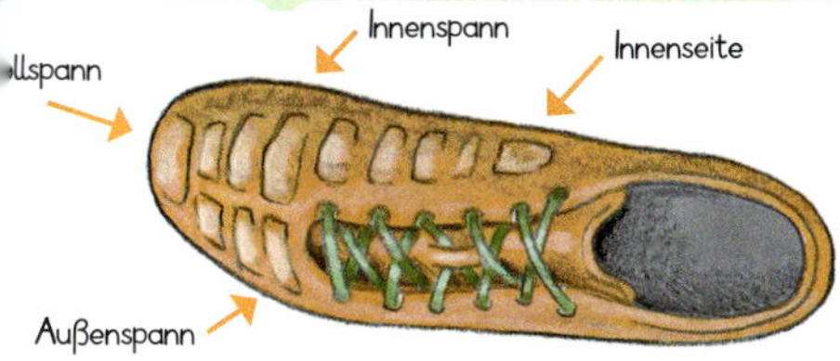

Bilde mit den Fremdwörtern Sätze. Du kannst auch eine Fremdwörter-Sammlung zum Thema Fußball anlegen: Coach, sprinten, Transfer, …

Welcher Buchstabe fehlt hier?

1. Spielert_p — y 1 — ü 4
2. pa_ieren — s 6 — ss 3
3. konzentr_rt — ie 6 — i 12
4. Bod_ — y 2 — ie 1
5. F_l — ou 11 — au 3
6. Fankur_e — w 10 — v 4
7. akti_ — v 10 — f 5
8. Masch_ne — ih 8 — i 7
9. Dri_elkönig — bb 5 — b 2
10. Spaz_rgang — ie 12 — i 9
11. intere_ant — ss 8 — ß 7
12. kapu_ — tt 9 — t 10

Auf dem Fußballplatz

(Satzschlusszeichen verwenden)

Welches Satzzeichen fehlt hier?

	Satz	.	?	!
1	Die Linien und die Abstände auf dem Spielfeld sind genau definiert ☐	4	4	7
2	Wusstest du, dass sich die Längenmaße aus der Umrechnung der ursprünglich englischen Angaben in Yard ergeben ☐	8	2	10
3	So beträgt der Durchmesser des Mittelkreises 18,30 m ☐ Das entspricht 20 Yards.	5	1	3
4	Um das Spielfeld sollte es laut DFB-Vorgaben eine Sicherheitszone geben: 1 m an der Längsseite, 2 m an der Querseite ☐	3	4	12
5	Wie hoch muss eine Eckfahne mindestens sein ☐ 1,5 m.	7	11	6
6	Der Platzwart ruft laut: „Der Platz ist in Ordnung ☐“	11	9	1

Was passiert in der Technischen Zone?

Als Technische Zone wird der Bereich am Spielfeldrand bezeichnet, in der sich die Bank für den Trainer, die Betreuer und die Auswechselspieler befindet. Sie markiert den Bereich, in dem sich der Trainer während des Spiels bewegen darf. Sie wird auch *Coaching Zone* genannt.

Am Ende eines Satzes musst du ein **Satzschlusszeichen** setzen:

ein **Fragezeichen** (**?**), wenn der Satz als Frage gemeint ist,

ein **Ausrufezeichen** (**!**), wenn der Satz eine Aufforderung oder ein Ausruf ist,

ein **Punkt** (**.**) bei allen anderen Sätzen.

Welches Satzzeichen fehlt hier?

26 Lena spielt Fußball

(Satzglieder erkennen)

Welches Satzglied ist markiert: Subjekt oder Prädikat?

		Subjekt	Prädikat
1	Lena ist auf dem Fußballplatz. Sie **trifft** dort ihren Trainer.	11	3
2	**Beide** besprechen, was Lena beim letzten Spiel gut gelungen ist.	5	9
3	Ausführlich und ruhig erklärt **der Trainer** die Spielzüge und zeigt Lena, worauf sie noch besser achten sollte.	2	10
4	Lena **möchte** nach jedem Spieltag ihr Können **verbessern**.	2	4
5	Das erfordert **viel Training**.	8	7
6	Gemeinsam sind **Lena und ihr Trainer** ein gutes Team.	6	5

Warum trainieren Fußballer ohne Ball?

Ein Großteil des Fußballtrainings findet ohne Ball statt. Das dient vor allem dazu, die Verletzungsgefahr zu verringern. Wenn zum Beispiel die Oberschenkelmuskel mit gezielten Übungen gut trainiert werden, sinkt das Risiko, im Oberschenkel einen Muskelfaserriss zu bekommen. Das gilt natürlich für alle anderen Muskeln auch. Starke Muskeln sind wichtig, um Verletzungen zu vermeiden. Deshalb ist gerade auch das Training ohne Ball sehr wichtig.

Ein Satz besteht aus verschiedenen **Satzgliedern**.
Das **Subjekt** besteht meist aus einem Nomen oder einem Pronomen. Du kannst es mit den Fragen **wer oder was** erfragen:
Lena ist eine gute Fußballerin. (Wer ist eine gute Fußballerin?)
Sie spielt im Verein. (Wer spielt im Verein?)

Das **Prädikat** besteht aus einem Verb und sagt, **was getan wird** oder **was geschieht**.
Das Prädikat kann auch aus zwei Teilen bestehen:
Lena **trainiert** fast jeden Tag. (Was macht sie?)
Heute **will** sie Fallrückzieher **üben**. (Was passiert?)

Wie viele Satzglieder haben diese Sätze?

		3	4	5
7	Heute übt Lena in der Halle.	6	12	1
8	Der Platz ist ausnahmsweise wegen Nässe gesperrt.	2	10	7
9	Lena macht sich warm.	8	1	9
10	Anschließend wiederholt sie einige Kraftübungen an der Reckstange.	11	4	7
11	Den Ball holt sie später.	7	9	10
12	Sie dribbelt mit ihm gekonnt um die Stangen.	3	11	2

Das erste Spiel im neuen Team

(Deutlich sprechen – Akkusativ- oder Dativobjekt)

Lies den Text und setze das passende Wort ein.

Heute spiele ich das erste Mal in 1 den 6 / dem 11 neuen Team.

Als ich aus 2 den 1 / dem 7 Gang zu den Umkleidekabinen komme,

rennt vor mir eine schwarze Katze auf 3 den 10 / dem 2 Fußballplatz.

Ob das ein gutes Zeichen ist? Abergläubisch bin ich sonst eigentlich nicht.

Ich sehe die vielen Zuschauer neben 4 den 7 / dem 12 Spielfeld stehen.

Mein Herz klopft. Hoffentlich mache ich ein gutes Spiel. Aber bevor ich mir weitere Gedanken machen kann, ertönt auch schon der Pfiff des Schiedsrichters und

ich bekomme 5 den 3 / dem 11 ersten Pass zugespielt.

Ich stehe gut und kann schnell reagieren. Eine kurze Drehung, ein schneller Sprint und dann

schieße ich 6 den 8 / dem 9 Ball ins Netz.

Tor! Nach einer Minute! Ich bin sprachlos – und freue mich riesig.

Mit dem **Akkusativ-Objekt** antwortest du auf die Frage **wen oder was**:
Ich sehe nur (wen oder was?) **die rote Karte**.
Mit dem **Dativ-Objekt** antwortest du auf die Frage **wem**:
Der Trainer klopft (wem?) **dem Spieler** auf den Rücken.

Welches Objekt ist hier markiert?

		Akkusativ Wen oder was?	Dativ Wem?
7	Ich spiele **dem Torwart** den Ball zu.	2	1
8	Ich köpfe **den Ball** in die linke obere Ecke.	5	3
9	Ich spreche mit **der Trainerin** über mein Trainingsprogramm.	7	9
10	Ich hole **die Bälle und die Trinkflaschen** aus der Kabine.	4	8
11	Ich übe immer wieder **die Täuschungsmanöver**.	6	12
12	Ich diskutiere mit **meinen Mitspielern** über die nächsten Trainingseinheiten.	4	2

Wem gehört der Spielerpass?

Wenn du einer Fußballmannschaft angehörst und du für deinen Verein bei einem offiziellen Spiel mitspielen willst, brauchst du einen Spielerpass. Den beantragt der Verein und er behält den Pass auch – du darfst ihn nicht mit nach Hause nehmen. Wenn du den Verein wechselst, bekommt dein neuer Verein den Spielerpass direkt von deinem alten Verein. Für deinen Spielerpass brauchst du ein Passfoto von dir und du musst den Pass unterschreiben.

30 Fußball früher

(Zeitformen)

Ergänze die fehlenden Formen.

Der Legende nach [1] die Soldaten des chinesischen Kaisers Huáng Di bereits vor 5000 Jahren als Training ein Spiel, das dem Fußball ähnlich war. Erstaunlich – dass man bereits so lange Fußball [2] !

Bei den Maja, den Ureinwohnern Südamerikas, [3] vor ungefähr 3300 Jahren das Spiel *Uluma* beliebt. Die Spieler nutzten einen Ball, der ungefähr drei bis vier Kilogramm schwer war. Sie mussten ihn in eine Art Steintor versenken. Dafür durften sie den Ball mit der Hüfte, dem Po oder dem Knie berühren. Könnte Uluma auch ein Spiel für dich [4] ?

Kemari ist eine Art Fußball, der vor ungefähr 1300 Jahren in Japan gespielt wurde. Dabei ging es nicht um ein Spiel auf Tore, sondern darum, den Ball möglichst lange in der Luft zu halten. Die Spieler [5] dafür im Kreis. Vielleicht ist das etwas für dein nächstes Fußballtraining? Wie viele Kinder [6] bei euch im Kreis?

war 7 | spielten 10 | ist gewesen 1 | sein 9

spielt 12 | spielen 4 | stehen 11

werden stehen 3 | standen 2

Wie lange gibt es Frauen-Fußball in Deutschland?

Frauen haben auch immer schon Fußball gespielt. Der DFB hat aber erst 1970 Frauenmannschaften aufgenommen. Die deutsche Frauen-Nationalmannschaft war sehr schnell sehr erfolgreich – bereits 1989 wurde sie Europameister. Im Gegensatz zu den Männern erhielten die Frauen aber keine Geldprämie, sondern ein Kaffeegeschirr und ein Bügelbrett. Darüber lacht man noch heute.

Du kannst mit Verben verschieden Zeitformen ausdrücken:

Präsens	ich spiele	ich renne
Präteritum	ich spielte	ich rannte
Perfekt	ich habe gespielt	ich bin gerannt
Futur	ich werde spielen	ich werde rennen

Wenn du sprichst, benutzt du meist nur das Präsens und das Perfekt:
Ich **spiele** jeden Tag. Ich **spiele** nächste Woche auf einem Turnier. Ich **habe** gestern **gespielt**.

Wandle die Verbformen ins Futur um.

Tipp: Es stehen auch falsche Formen zur Auswahl – achte genau auf die Endungen.

7 Nach den Sommerferien **beginne** ich mit dem Fußballtraining im Verein.

8 Ich **gehe** mit meinem Freund Ole zu Concordia Neustadt.

9 Wir **spielen** beide in der C-Jugend.

10 Zu den Spielen **kommt** meine Mutter auch mit.

11 Sie **feuert** uns **an**.

12 Wir **haben** bestimmt eine Menge Spaß.

werden ... beginnen 2
werden ... haben 5
wird ... kommen 1
wird ... gehen 7
werde ... beginnen 6
werde ... gehen 4
werde ... reiten 11
wird ... haben 10
wird ... kümmern 12
wird ... anfeuern 3
werden ... spielen 8
wirst ... kommen 9

FÜR PROFIS

Schreibe den Text im Futur auf.

Nach den Sommerferien werde ich ...

Fußball-Quiz

Hast du alle „Gewusst?"-Kästen gelesen? Dann kannst du jetzt das Fußball-Quiz beantworten.

Nr.	Aussage	stimmt	stimmt nicht
1	International gibt es seitens der FIFA nur 17 Regeln für den Fußball.	4	5
2	Man darf bei jedem Fußballspiel maximal drei Spieler auswechseln.	12	2
3	Taka Tuka ist eine besondere Taktik im Fußball.	7	5
4	Zum Trainerstab gehört auch der Manager einer Fußballmannschaft.	1	3
5	Von Beginn an erhielt die Frauen-Nationalmannschaft Geldprämien in der gleichen Höhe wie die Männer-Nationalmannschaft.	8	11
6	Fußballer trainieren mit und ohne Ball, um fit zu sein und Verletzungen zu vermeiden.	1	11
7	Um seinen Jubel über ein Tor besonders gut zum Ausdruck zu bringen, darf ein Spieler sein Trikot ausziehen.	9	7
8	Die Technische Zone wird auch Coaching Zone genannt.	9	10
9	Bei der Weltmeisterschaft 1954 durften keine Spieler ausgewechselt werden.	1	6
10	Einige Fußballvereine haben ihre Vereinsfarben in ihrem Namen.	12	4
11	Den Spielerpass kann man auch für Reisen in andere Länder benutzen. Er gehört dem Spieler.	6	10
12	Handwerker, Koch und Fotograf gehören auch zu den Berufen rund um den Fußball.	8	2